Novena
NIÑO DE PRAGA

Por Laila Pita

© Calli Casa Editorial, 2012
© Yhacar Trust 2021

Todos los derechos registrados. Prohibida la reproducción total o parcial de esta obra en todo su contenido: texto, dibujos, ideas e ilustraciones de portada, sin autorización por escrito.

www.solonovenas.com
#2500-627

UN POCO DE HISTORIA

Al igual que la Virgen María, el Santo Niño Jesús tiene diferentes representaciones, una de ellas es el Santo Niño de Praga. La princesa Polyxena de Lobikowicz fue inspirada por la Providencia, donó una imagen del Niño Jesús diciendo: "yo os ofrezco, querido padre, lo que más quiero en el mundo. Honrad a este Niño Jesús y estad seguro de que, mientras lo venerareis nada os faltará". Praga fue invadida por los sajones, los soldados irrumpieron en la iglesia, seccionando con la espada las manitas de la imagen, dejándola olvidada entre los escombros. Fray Cirilo, apóstol del divino Infante, después de tres años lo encontró. El Niño le habló: "Ten piedad de mí, y yo tendré piedad de ti. Restitúyeme las manos que me cortaron los herejes". No podían conseguir nada, hasta que la ayuda llegó de manera inesperada, un extranjero dejó una limosna de cien florines y con esto fue restaurado y expuesto a la veneración de los fieles en una capilla a Él dedicada. Cuando muere Fray Cirilo en 1675, la imagen es entronizada en la iglesia de Santa María de la Victoria, la devoción del Niño Jesús de Praga se difundió en todas las clases sociales.

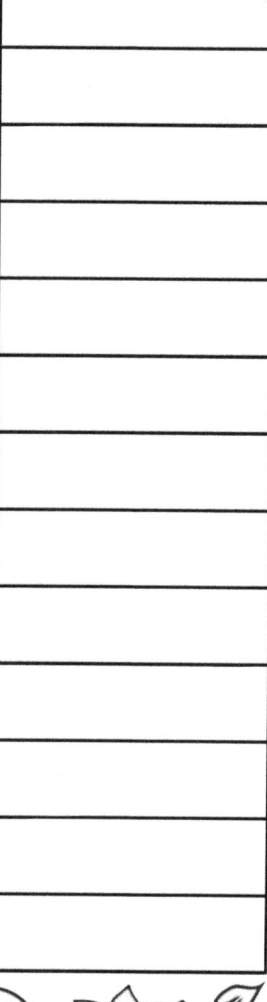

MILAGRO

Fray Cirilo de la Madre de Dios, se separó del ramo carmelita, por no tener más que hacer ahí y se abrazó a la reforma de Santa Teresa. Sin encontrar la paz esperada, sintiéndose un réprobo, sufrió lo indecible. Fray Cirilo confesó sus penas al prior. Éste le aconsejó depositar su confianza en el Niño Jesús. Así lo hizo, rogó: "¡Querido Niño, mirad mis lágrimas! Estoy a vuestros pies, ¡ten piedad de mí!". Al instante, sintió que un rayo de luz penetraba su alma, haciendo desaparecer todas las angustias, dudas y sufrimientos. Agradecido se volvió un verdadero apóstol del Divino Infante.

ORACIÓN DIARIA

Divino Niño de Praga tú que has traído al mundo la paz, protégeme de un mundo voraz. Enséñame a aceptar que soy pequeño. En humildad luchar por mis proyectos con empeño. Hermoso Rey de ayudar a otros permíteme ser capaz. Te ruego con el corazón linda Estrellita fugaz, me des tranquilidad en el sueño y esperar el nuevo día alegre y risueño. Quiero volver a tomar la vida con la inocencia de un mozuelo sagaz. Rey de la Gloria de mi corazón eres el dueño.

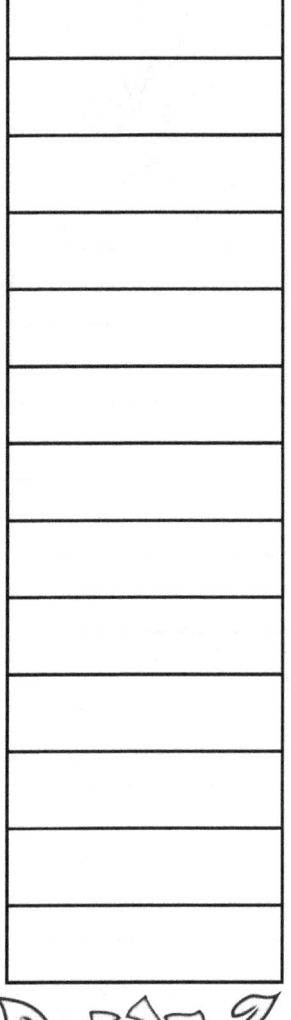

HAGA SU PETICIÓN

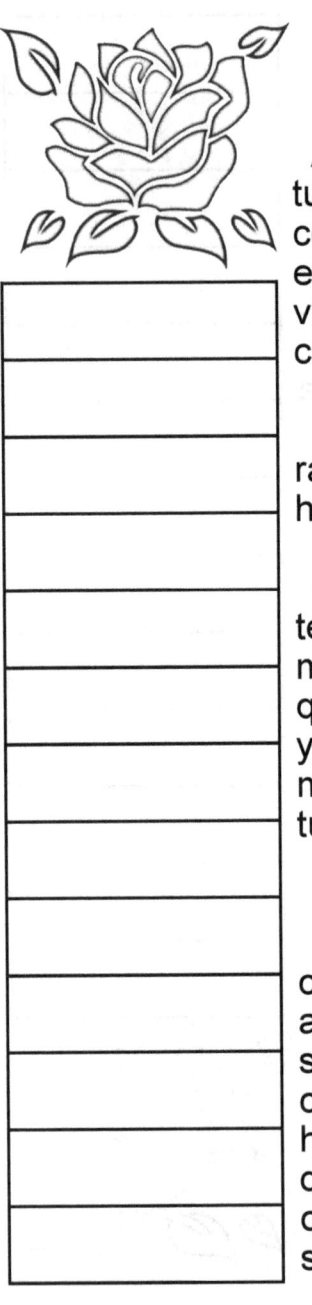

Aquí estoy hincado a tus pies. Con la luz de tus quinqués que no tienen comparación alumbra a este humilde feligrés que viene a hacerte esta petición.

Te ruego con todo mi corazón me concedas... (Se hace la petición)

Esto es un asunto de interés te suplico tu atención me des. Concédeme lo que te pido en esta ocasión y con tu divina protección me ayudes, para que seas tú siempre mi salvación.

Padre Nuestro, que estás en el cielo, santificado sea tu nombre; venga a nosotros tu reino; hágase tu voluntad, en la tierra como en el cielo. Danos hoy nuestro pan de cada día; perdona nuestras ofensas, como también nosotros perdonamos a los

que nos ofenden; no nos dejes caer en la tentación, y líbranos del mal. Amén.

Dios te salve, María, llena eres de gracia, el Señor es contigo. Bendita tú eres entre todas las mujeres, y bendito es el fruto de tu vientre: Jesús. Santa María, Madre de Dios, ruega por nosotros, pecadores, ahora y en la hora de nuestra muerte. Amén.

Gloria al Padre, al Hijo y al Espíritu Santo. Como era en el principio, ahora y siempre, por los siglos de los siglos. Amén.

DÍA PRIMERO

Adorado Niño Jesús el amor que das es infinito y tu poder llega a todos expedito. Tú que eres un Niño bueno y has traído la paz al mundo, dale tranquilidad a mi hogar, protegiéndolo del mal iracundo. Es por eso pequeño Niño que mi corazón esta contrito. Por problemas ajenos venidos a mi casa, mi espíritu se encuentra malito. Santo Niño de Praga de amor fecundo. No permitas que la inquietud me haga sentir furibundo. Adorado Pequeño Jesús tu nombre por siempre será bendito.

Padre Nuestro, que estás en el cielo, santificado sea tu nombre; venga a nosotros tu reino; hágase tu voluntad, en la tierra como en el cielo. Danos hoy nuestro pan de cada día; perdona nuestras ofensas, como también nosotros perdonamos a los

que nos ofenden; no nos dejes caer en la tentación, y líbranos del mal. Amén.

Dios te salve, María, llena eres de gracia, el Señor es contigo. Bendita tú eres entre todas las mujeres, y bendito es el fruto de tu vientre: Jesús. Santa María, Madre de Dios, ruega por nosotros, pecadores, ahora y en la hora de nuestra muerte. Amén.

Gloria al Padre, al Hijo y al Espíritu Santo. Como era en el principio, ahora y siempre, por los siglos de los siglos. Amén.

DÍA SEGUNDO

Bendito Rey tu Gloria sea por siempre, en todos los corazones penetre. Santo Niño tienes la bondad y la justicia incrustada en el corazón. No permitas que nadie sea castigado sin razón. Ayúdame Pequeño hermoso a recuperar la paz y en mi trabajo siempre la encuentre. Yo prometo trabajar con gusto y estar sonriente cuando mi jefe o mi compañero entre. No sean los vicios para mí una tentación, que puedan ser en mis actividades distracción. Pequeño divino Redentor mi labor en serenidad convierte y cambia mi suerte.

Padre Nuestro, que estás en el cielo, santificado sea tu nombre; venga a nosotros tu reino; hágase tu voluntad, en la tierra como en el cielo. Danos hoy nuestro pan de cada día; perdona nuestras

ofensas, como también nosotros perdonamos a los que nos ofenden; no nos dejes caer en la tentación, y líbranos del mal. Amén.

Dios te salve, María, llena eres de gracia, el Señor es contigo. Bendita tú eres entre todas las mujeres, y bendito es el fruto de tu vientre: Jesús. Santa María, Madre de Dios, ruega por nosotros, pecadores, ahora y en la hora de nuestra muerte. Amén.

Gloria al Padre, al Hijo y al Espíritu Santo. Como era en el principio, ahora y siempre, por los siglos de los siglos. Amén.

DÍA TERCERO

Santo Niño de Praga ven a mí y juega conmigo, déjame sentir que soy tu amigo. Príncipe Niño ayúdame a unir a mis parientes por medio del amor. Que sepamos dar y recibir perdón sin rencor. A respetar y ayudar yo me obligo, recibir cariño sincero y no como mendrugo arrojado al mendigo. Te entrego esta novena y beso tu mejilla llena de candor. Dulce travieso resplandor, de justicia y paz tu eres dador. Junto a ti pequeño chiquillo yo me siento de la tierra el ombligo.

Padre Nuestro, que estás en el cielo, santificado sea tu nombre; venga a nosotros tu reino; hágase tu voluntad, en la tierra como en el cielo. Danos hoy nuestro pan de cada día; perdona nuestras ofensas, como también nosotros perdonamos a los

que nos ofenden; no nos dejes caer en la tentación, y líbranos del mal. Amén.

Dios te salve, María, llena eres de gracia, el Señor es contigo. Bendita tú eres entre todas las mujeres, y bendito es el fruto de tu vientre: Jesús. Santa María, Madre de Dios, ruega por nosotros, pecadores, ahora y en la hora de nuestra muerte. Amén.

Gloria al Padre, al Hijo y al Espíritu Santo. Como era en el principio, ahora y siempre, por los siglos de los siglos. Amén.

DÍA CUARTO

Mi pequeño amigo alabado seas con tu amor en todo el universo extendido y tu sagrado mensaje en todas partes conocido. Te ruego dirijas a mí tu atención, porque tengo una gran preocupación. La tranquilidad y la paz con mis amigos se ha perdido, hay un enemigo entre nosotros escondido. Te imploro Niño Santo que tomes en esto acción y a esta amistad des salvación. Lo que nació en la infancia ahora no sea dividido, por una persona que el valor de la amistad no ha comprendido.

Padre Nuestro, que estás en el cielo, santificado sea tu nombre; venga a nosotros tu reino; hágase tu voluntad, en la tierra como en el cielo. Danos hoy nuestro pan de cada día; perdona nuestras ofensas, como también nosotros perdonamos a los que nos ofenden; no nos dejes caer en la tentación, y líbranos del mal. Amén.

Dios te salve, María, llena eres de gracia, el Señor es contigo. Bendita tú eres entre todas las mujeres, y bendito es el fruto de tu vientre: Jesús. Santa María, Madre de Dios, ruega por nosotros, pecadores, ahora y en la hora de nuestra muerte. Amén.

Gloria al Padre, al Hijo y al Espíritu Santo. Como era en el principio, ahora y siempre, por los siglos de los siglos. Amén.

DÍA QUINTO

Agradecido estoy Santo Niño de Praga, recibe mi respeto y amor como paga. Por la gran bondad que me diste para arreglar este problema, y que ya me llevaba a una medida extrema. Pero aún te ruego mi Niño Jesús, me des la calma que a la intranquilidad apaga. Santísimo Hijo de María tú eres el alfa y omega. En el mundo entero, tu sermón ha sido el tema. Tu aura dorada resalta como en la clara la yema. Querido chiquillo tu ternura a los hombres eternamente llega.

Padre Nuestro, que estás en el cielo, santificado sea tu nombre; venga a nosotros tu reino; hágase tu voluntad, en la tierra como en el cielo. Danos hoy nuestro pan de cada día; perdona nuestras ofensas, como también nosotros perdonamos a los

que nos ofenden; no nos dejes caer en la tentación, y líbranos del mal. Amén.

Dios te salve, María, llena eres de gracia, el Señor es contigo. Bendita tú eres entre todas las mujeres, y bendito es el fruto de tu vientre: Jesús. Santa María, Madre de Dios, ruega por nosotros, pecadores, ahora y en la hora de nuestra muerte. Amén.

Gloria al Padre, al Hijo y al Espíritu Santo. Como era en el principio, ahora y siempre, por los siglos de los siglos. Amén.

DÍA SEXTO

Mi corazón sufre y llora, porque a un ser querido le ha llegado la hora. Mi alma no encuentra serenidad y el dolor parece durar una eternidad. Santo Niño de Praga tócame con tu manita encantadora. Transmíteme paz con tu voz dulce y sonora. Permite divino Niño que si he de vivir en soledad, sea en un espacio de tranquilidad. Te imploro en nombre de esa gran Señora, que te dio la vida con su leche vivificadora. Me pongo de rodillas para adorarte pequeña Majestad.

Padre Nuestro, que estás en el cielo, santificado sea tu nombre; venga a nosotros tu reino; hágase tu voluntad, en la tierra como en el cielo. Danos hoy nuestro pan de cada día; perdona nuestras ofensas, como también nosotros perdonamos a los

que nos ofenden; no nos dejes caer en la tentación, y líbranos del mal. Amén.

Dios te salve, María, llena eres de gracia, el Señor es contigo. Bendita tú eres entre todas las mujeres, y bendito es el fruto de tu vientre: Jesús. Santa María, Madre de Dios, ruega por nosotros, pecadores, ahora y en la hora de nuestra muerte. Amén.

Gloria al Padre, al Hijo y al Espíritu Santo. Como era en el principio, ahora y siempre, por los siglos de los siglos. Amén.

DÍA SÉPTIMO

Pequeña alma pura, mi pueblo ha caído en desventura. La naturaleza actúo con sorpresa, de miedo está presa. Pequeño Rey de Reyes devuélveme la tranquilidad con tu poder que todo cura. Te ruego con sencillez Divina Criatura. Por medio de esta novena te hago una promesa, venir con frecuencia a verte y besar tu mejilla sonrojada como fresa. Agraciado Niño de tierna figura, no permitas me gane la locura. Voltea hacia mí tus ojos de linda turquesa y tus dulces labios de frambuesa.

Padre Nuestro, que estás en el cielo, santificado sea tu nombre; venga a nosotros tu reino; hágase tu voluntad, en la tierra como en el cielo. Danos hoy nuestro pan de cada día; perdona nuestras ofensas, como también nosotros perdonamos a los

que nos ofenden; no nos dejes caer en la tentación, y líbranos del mal. Amén.

Dios te salve, María, llena eres de gracia, el Señor es contigo. Bendita tú eres entre todas las mujeres, y bendito es el fruto de tu vientre: Jesús. Santa María, Madre de Dios, ruega por nosotros, pecadores, ahora y en la hora de nuestra muerte. Amén.

Gloria al Padre, al Hijo y al Espíritu Santo. Como era en el principio, ahora y siempre, por los siglos de los siglos. Amén.

DÍA OCTAVO

Divino Infante los cambios en la vida son necesarios, aunque no siempre voluntarios. Te ofrendo esta novena con amor y lealtad, te suplico un poquito de felicidad. Permíteme tomar tus manitas para sentir paz Niño de dones extraordinarios, has que vuelva a sentir familiares los nuevos escenarios, porque estas vicisitudes me causan ansiedad y a mi espíritu debilidad. Santo Niño de Praga tus milagros son muchos y tus atributos varios. Con tu enorme poder has vencido a tus adversarios. A los que amas das libertad.

Padre Nuestro, que estás en el cielo, santificado sea tu nombre; venga a nosotros tu reino; hágase tu voluntad, en la tierra como en el cielo. Danos hoy nuestro pan de cada día; perdona nuestras

ofensas, como también nosotros perdonamos a los que nos ofenden; no nos dejes caer en la tentación, y líbranos del mal. Amén.

Dios te salve, María, llena eres de gracia, el Señor es contigo. Bendita tú eres entre todas las mujeres, y bendito es el fruto de tu vientre: Jesús. Santa María, Madre de Dios, ruega por nosotros, pecadores, ahora y en la hora de nuestra muerte. Amén.

Gloria al Padre, al Hijo y al Espíritu Santo. Como era en el principio, ahora y siempre, por los siglos de los siglos. Amén.

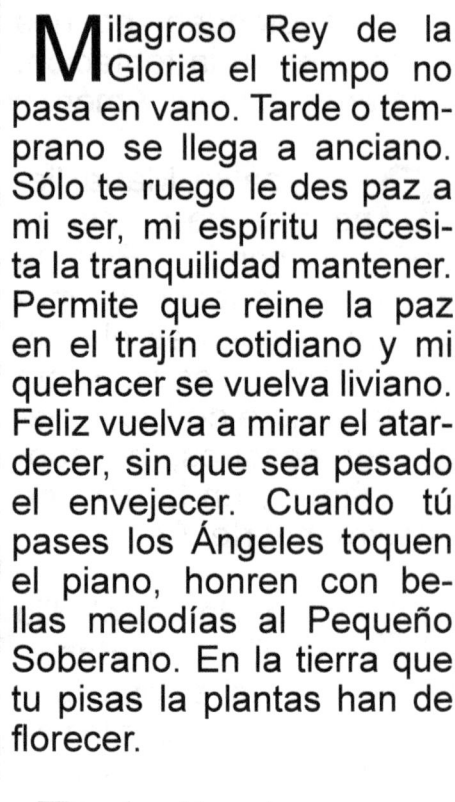

DÍA NOVENO

Milagroso Rey de la Gloria el tiempo no pasa en vano. Tarde o temprano se llega a anciano. Sólo te ruego le des paz a mi ser, mi espíritu necesita la tranquilidad mantener. Permite que reine la paz en el trajín cotidiano y mi quehacer se vuelva liviano. Feliz vuelva a mirar el atardecer, sin que sea pesado el envejecer. Cuando tú pases los Ángeles toquen el piano, honren con bellas melodías al Pequeño Soberano. En la tierra que tu pisas la plantas han de florecer.

Padre Nuestro, que estás en el cielo, santificado sea tu nombre; venga a nosotros tu reino; hágase tu voluntad, en la tierra como en el cielo. Danos hoy nuestro pan de cada día; perdona nuestras ofensas, como también nosotros perdonamos a los

que nos ofenden; no nos dejes caer en la tentación, y líbranos del mal. Amén.

Dios te salve, María, llena eres de gracia, el Señor es contigo. Bendita tú eres entre todas las mujeres, y bendito es el fruto de tu vientre: Jesús. Santa María, Madre de Dios, ruega por nosotros, pecadores, ahora y en la hora de nuestra muerte. Amén.

Gloria al Padre, al Hijo y al Espíritu Santo. Como era en el principio, ahora y siempre, por los siglos de los siglos. Amén.

ORACIÓN FINAL

La paz que recibimos nos la dan tus pequeñas manitas. Nos llenas de riqueza con tus bondades infinitas. Divino Infante nunca me abandones y mis errores te pido perdones. A donde quiera que vaya dame paz con tus oraciones benditas. Déjame ver tus sonrisas lindas como margaritas. Para adorarte tengo miles de razones. Te agradezco que llenes de amor los corazones. Me embeleso escuchando tus palabras exquisitas. Al sagrado banquete a todos invitas. Contigo son fiesta todas las estaciones. Para alabarte los fieles entonan bellas canciones.

Padre Nuestro, que estás en el cielo, santificado sea tu nombre; venga a nosotros tu reino; hágase tu voluntad, en la tierra como en el cielo. Danos hoy nuestro pan de cada día; perdona nuestras

ofensas, como también nosotros perdonamos a los que nos ofenden; no nos dejes caer en la tentación, y líbranos del mal. Amén.

Dios te salve, María, llena eres de gracia, el Señor es contigo. Bendita tú eres entre todas las mujeres, y bendito es el fruto de tu vientre: Jesús. Santa María, Madre de Dios, ruega por nosotros, pecadores, ahora y en la hora de nuestra muerte. Amén.

Gloria al Padre, al Hijo y al Espíritu Santo. Como era en el principio, ahora y siempre, por los siglos de los siglos. Amén.

Papá Dios: que tu sabiduría nos guíe; que tu luz ilumine nuestro camino; que tu amor nos de paz; que tu poder nos proteja, y que por donde quiera que caminemos, tu presencia nos acompañe. Gracias Papá Dios que ya nos oíste. Amén.

www.ingramcontent.com/pod-product-compliance
Lightning Source LLC
Chambersburg PA
CBHW070634150426
42811CB00050B/302